Ln 27
1862

ÉDOUARD DE POMPERY

BÉRANGER

SA BIOGRAPHIE

ET SON CARACTÈRE

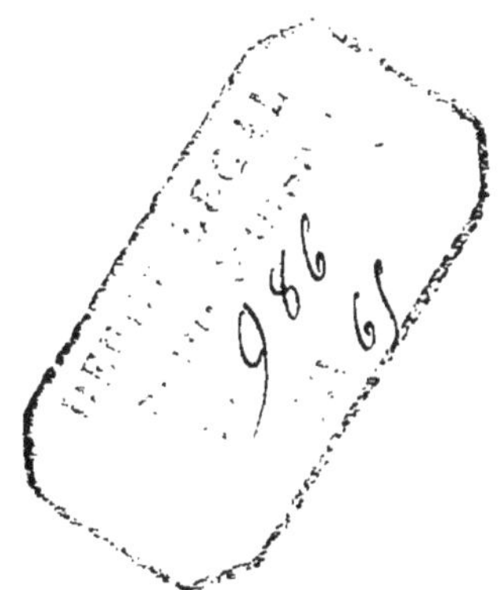

PARIS
LIBRAIRIE DU *PETIT JOURNAL*
21, BOULEVARD MONTMARTRE
ET L. GROLLIER, SUCCESSEUR DE CASTEL
21, PASSAGE DE L'OPÉRA
1865

Imprimerie L. TOINON et Cie, à Saint-Germain.

BÉRANGER

SA BIOGRAPHIE, SON CARACTÈRE

Nous possédons en France une physionomie aimable, familière, souriante entre toutes, bien vue du peuple, chose rare, et connue à la ronde comme un refrain. C'est la physionomie du bon chansonnier, car il fut bon parmi les meilleurs, quoique des plus vifs parmi les malins et des plus fins parmi les habiles.

Pourquoi donc a-t-on essayé de jeter un voile sur ce visage aimé, et qui mérite de l'être ! Pourquoi a-t-on tenté de noircir la réputation de l'homme et de pulvériser son buste ?

Notre intention n'est pas de faire ici un panégyrique, mais nous voudrions être juste, rien que juste, envers la mémoire de Béranger, et montrer pourquoi l'on s'est mépris au sujet de son caractère. Nous voulons être juste, et d'autres peut-être vont tout-à-l'heure nous accuser de sévérité, que sais-je ? d'ingratitude. Cependant nous espérons rester dans le vrai et nous y maintenir jusqu'au bout.

La popularité de Béranger a été immense, et l'estime dans laquelle on a tenu son caractère n'a pas été moins haute ; puis sa mémoire a été l'objet d'injustes et violentes attaques. Il nous paraît que, de part et d'autre, on a outrepassé la mesure et poussé trop loin la louange et le blâme.

Essayons à notre tour de mettre l'homme ni trop haut ni trop bas, mais à sa véritable place. Sans avoir été de son intimité, nous avons pendant plusieurs années vu d'assez près le spirituel solitaire. Il fut au collége le sujet de notre admiration passionnée, et nous avons subi pour lui plus d'un jour de cachot en copiant plus d'un chant de l'*Iliade*.

En parlant de lui, nous ne pouvons trouver en nous que d'agréables souvenirs et de bons sentiments. La justice, qui doit parler plus haut que toute autre passion, pourra seule empêcher notre balance de s'incliner sous le poids d'une partialité bienveillante. Nous aimons la mémoire de Béranger comme celle d'un homme de bien qui, dans la donnée de son caractère, a été un rare modèle de sagesse et de vertu. A ce titre, et grâce à sa valeur d'artiste, à son rôle politique, il vivra dans la postérité.

Fin et pénétrant, circonspect et se méfiant de lui-même, soigneux de son personnage et ne s'étant jamais laissé entraîner au delà de sa mesure, Béranger n'en est pas moins un homme d'une grande franchise, d'une véritable sincérité et d'une conscience méticuleuse. Aussi est-il facile de lire dans son âme et de juger son caractère d'après ce qu'il raconte de lui-même.

Ce n'est pas par fausse modestie qu'il disait souvent : On m'oubliera; je ne suis pas un grand poëte, je n'ai cultivé qu'un genre inférieur. Il y a là un fond de vérité incontestable, dont il avait parfaitement conscience.

Par une singulière fatalité, Béranger a été poussé à jouer un rôle politique plus grand que n'était son caractère, et le caractère qui le distingue est encore plus rare que son talent n'est achevé. De là découlent beaucoup de malentendus, d'injustes récriminations et des accusations sans fondements sérieux.

Comment? voici un homme qui a su s'apprécier et se connaître à fond, qui a eu sa juste mesure et partant a pu se faire un habit à sa taille. Cet habit lui allait si bien, il avait des proportions si exactes qu'il est advenu, ce qui se voit en pareil cas, que tout le monde a trouvé l'homme plus grand, plus beau et plus fort qu'il ne l'était en réalité. Est-ce sa faute ou celle de ses contemporains? A-t-il voulu en imposer au public et surprendre sa bonne foi? Jamais, et nous allons en avoir cent preuves tout à l'heure.

Béranger a été un sage, un homme de bien, un homme d'infiniment d'esprit et de raison, doué d'un sens pratique exquis, un ami très-sûr et très-fidèle, un cœur sympathique à la souffrance, à la misère, un patriote sensible à la gloire et au bien de son pays, un causeur prodigieux, incomparable, enfin un maître incontesté en son art. Rien de plus.

La richesse, le pouvoir, les grandes passions, les idées générales, ou les systèmes, comme il disait, Béranger leur a toujours défendu sa porte. Par tempérament, par juste appréciation de sa mesure, par défiance de lui-même, il ne se sentait pas de force à porter aucun de ces fardeaux, dont il devinait la pesanteur.

Béranger se plaisait dans les moyennes régions. Cette atmosphère allait à sa nature. Il y respirait à l'aise et y avait toute sa valeur. Incapable de jouer un premier rôle, il en avait conscience et ne prétendit jamais passer pour un grand homme. Il le dit en maints passages de sa biographie, de ses lettres et de ses préfaces. Et s'il était malin et caustique, il ne fut point faux bonhomme.

« J'ai su reconnaître de bonne heure ce qu'il y a de faiblesse dans mon caractère, et avouer ce qu'il y a de superficiel dans mon instruction.

» J'ai toujours douté de moi-même...

» J'ai une conscience méticuleuse qui m'empêche d'être homme de parti; je ne suis qu'un homme d'instinct et d'opinion.

» Lorsqu'à cinquante ans, j'ai vu de près le pouvoir, je n'ai fait qu'y regarder en passant. Il n'y avait de ma part ni dédain ni sagesse : j'obéissais à mon humeur. Les réflexions qui viendront se mêler à mes narrations se ressentiront du terre-à-terre de l'existence qui m'a plu. Aux grands hommes, les grandes choses et les grands récits. »

Tel était Béranger. Mais il avait tant d'esprit, il causait si bien de toutes choses, disait si juste son fait à chacun et voyait si vite le défaut de sa cuirasse; sa vie était si ordonnée, si simple, sa conscience si sereine, sa raison si droite, sa bienveillance si grande; il était si désintéressé, si désireux du bien, que chacun voulait voir en lui un homme d'État, un philosophe, un héros, un martyr. Béranger n'en avait point l'étoffe; il le savait et le répétait en vain à qui voulait l'entendre. Il en est résulté que beaucoup ont plus attendu de lui qu'il ne pouvait donner, et, par ce motif, ont élevé contre sa mémoire d'injustes accusations.

Pour avoir bien connu la mesure de son talent et de son caractère, Béranger a admirablement rempli son rôle. Mais il n'était capable que de prendre celui-là, et il y aurait folie à faire un crime à sa sagesse d'avoir refusé d'en jouer un autre plus important. Jugeant merveilleusement les autres, il s'appréciait à sa valeur et voulut toujours demeurer sur le terrain qu'il avait choisi.

Il n'aimait ni les partis, ni les coteries, ni les corporations, se retira du *Caveau* où il n'avait posé qu'un pied, et ne consentit pas à être de l'Académie. Dans l'opposition libérale, il marcha seul par esprit d'indépendance, par instinct et par conscience. Il tenait à sauvegarder vis à vis de lui-même sa responsabilité, trouvant que c'était beaucoup. Si Béranger est resté obstinément à l'écart du pouvoir en 1830, s'il a refusé de siéger à la Constituante de 48, c'est qu'il savait ne pas être à la hauteur de la tâche, c'est qu'il voyait la difficulté, sinon l'impossibilité de l'œuvre à accomplir.

Traçons rapidement les traits principaux de la vie de Béranger. Il vint au monde au mois d'août 1780, chez son bon vieux grand'père Champy, tailleur, rue Montorgueil. Le poëte se félicita toujours d'être né à Paris, *ville de la liberté et de l'égalité, et où le malheur rencontre peut-être le plus de sympathie*. Ses parents s'étant séparés au bout de six mois de mariage, l'enfant fut envoyé en nourrice aux environs d'Auxerre, où il resta jusqu'à l'âge de trois ans. Il revint ensuite chez son grand'père qui le gâtait beaucoup et le laissait manquer l'école pour laquelle il témoignait une grande répugnance. Enfant doux, délicat et méditatif, Béranger se trouva savoir lire sans l'avoir appris.

Ainsi se passa la première enfance de Béranger. En 90, son grand'père, n'ayant plus de ressources suffisantes, sa mère vivant à part et ne s'occupant pas de lui, son père, qui s'était fait notaire à Durtal, envoya l'enfant à une de ses sœurs, tenant à Péronne une petite auberge. Il semblait que tout le monde se rejetât le fardeau. La tante de Péronne vivait elle-même tellement à l'étroit qu'elle hésita d'abord à se charger de lui. Enfin la bonne mine de l'enfant venant en aide au bon cœur de la pauvre femme Béranger eut un appui et une affection plus intelligente et plus dévouée qu'il ne pouvait s'y attendre. Il acheva d'apprendre à lire, écrire et compter avec cette bonne tante et un vieux maître d'école. Puis, comme on n'était pas riche, Béranger aida sa bienfaitrice dans le service de la petite auberge, plus tard fut mis en apprentissage chez un horloger, devint saute-ruisseau chez un notaire transformé en juge de paix, enfin passa deux ans dans l'imprimerie de M. Laisnez.

A cette époque, 1795, le père de Béranger, royaliste exalté, ex-intendant de la comtesse de Bourmont, emprisonné pour ses opinions, puis relâché après le 9 thermidor, vint reprendre son fils, qu'il avait trouvé *gangrené de jacobinisme.* En effet, Béranger avait vécu de la vie politique du moment, et faisait partie d'un club, véritable bébé-club celui-là, dont il était souvent le président et l'orateur, félicitant au nom de la petite troupe les conventionnels en mission et envoyant des adresses à Robespierre.

M. Béranger reprit sa femme, qui mourut au bout de dix mois à l'âge de trente-sept ans, et avec l'aide de son fils établit une maison de prêts sur gages. L'affaire donna d'abord quelques bons résultats, mais croula tout à fait au bout de trois ans (1798). M. Béranger, qui se compromit plusieurs fois pour ses opinions royalistes, était un assez bon homme, mais léger et de peu de cervelle.

La déconfiture de son père réduisit Béranger aux plus cruelles extrémités. Cependant il refusa d'accéder aux propositions de plusieurs créanciers et capitalistes, qui, témoins de sa capacité et de sa probité, voulurent lui confier des fonds pour continuer de faire la banque. Béranger en avait assez et préféra la misère à une fonction qui lui répugnait essentiellement. Son père ayant acheté un cabinet de lecture, Béranger l'aida à le tenir avec un de ses cousins.

Habitant une mansarde au sixième étage, boulevard Saint-Martin, *mansarde sans feu, où la pluie et la neige inondaient souvent son lit de sangle*, Béranger se consola de tous ses chagrins avec la muse, qui lui fit alors sa première visite sérieuse. Vivre seul et faire des vers tout à son aise lui parut une félicité. Malgré la gêne étroite du poëte, et quoiqu'il eût des atteintes profondes de mélancolie, la jeunesse le soutint, l'amitié vint à son aide et même un peu l'amour. Dès cette époque, date son intimité avec Antier, Lebrun, Boquillon (autrement dit Wilhem).

Ici se place un fait que l'on a imputé à crime à

Béranger. Il fut assez heureux pour échapper à la conscription, en ne se faisant pas inscrire sur les contrôles. Il était convaincu que sa frêle constitution et surtout la faiblesse de sa vue ne pouvaient faire de lui qu'un soldat d'hôpital. D'autre part, son père de était dans l'impossibilité de le faire remplacer.

Tout en mangeant son fromage, recousant ses vieux habits, vivant de misère et de gaîté, dans le grenier de la vingtième année, Béranger brochait force vers et faisait mille efforts pour gagner sa vie. Enfin, au commencement de 1804, la fortune, cruelle jusque-là, lui adressa un premier sourire. Entre mille tentatives, le poëte avait envoyé à Lucien Bonaparte, deux pièces de vers dithyrambiques, intitulées *le Déluge* et le *Rétablissement du culte*. Le prince répondit en l'invitant à venir le voir. Dire quelle fut la joie du jeune homme perdu dans sa mansarde, cela serait impossible. On ne peut l'égaler qu'à la reconnaissance qu'il témoigna constamment à son premier protecteur. Lucien l'encouragea, et de plus lui fit don de son traitement de membre de l'Institut. Pour Béranger une telle aubaine, 1,000 francs, c'était la fortune. Un an après il entrait, aux appointements de 1,800 francs, dans les bureaux du peintre Landon pour rédiger le texte de son *musée*. Grâce à ses 2,800 francs, Béranger put satisfaire aux besoins de son cœur en secourant son père, sa bonne vieille grand'mère Champy, et même sa sœur, ouvrière chez une de ses tantes.

L'apparition du *Génie du christianisme* fut un événement pour le jeune Béranger. Ce trait de lumière, à travers la nue, lui permit de mieux juger la poésie et la littérature des anciens, celles de la bible et des modernes. Il en garda toujours à Châteaubriand une sérieuse gratitude. L'impression fut si vive que Béranger essaya de revenir tout à fait au catholicisme. Il fit des vers pieux, lut les auteurs ascétiques, fréquenta les églises aux heures favorables du silence et de la solitude. Rien n'y fit. En vain se récriait-il contre *cette sotte raison, qui refusait de le laisser croire à ce qu'ont cru Turenne, Corneille et Bossuet*. Le futur auteur du *Dieu des bonnes gens* fut arrêté dans son élan de religiosité rétrospective et dut demeurer pour toujours un déiste spiritualiste. Cette bonne foi et le dépit du chansonnier méritent d'être notés, aussi bien que le résultat final de ses vaines tentatives. Béranger a certainement été un homme religieux, il en a eu tous les sentiments et même la foi sincère, et c'est précisément pour cela que ce témoignage de l'ami de Lamennais mérite d'être conservé bien plus contre les catholiques et fanatiques de toute secte, que contre les sceptiques et les athées; ceux-ci étant moins dangereux que ceux-là, car les hommes auront toujours foi dans leur existence aussi bien que dans l'existence de l'infini et de l'absolu, bien qu'ils ne puissent connaître la substance en eux ni hors d'eux.

A cette époque, Béranger raconte qu'il essaya

de faire un poëme épique, *Clovis*, suivi d'un poëme pastoral, qui touchait au siècle de Jeanne d'Arc. Puis vinrent des idylles modernes, enfin des comédies en vers. Il en écrivit sept actes, mais avant de terminer son œuvre, il relut les maîtres et, convaincu qu'il ne serait jamais un véritable auteur dramatique, il livra courageusement au feu le fruit de ses veilles. Si plus tard il tenta timidement et sans succès d'aborder la scène, ce fut uniquement par besoin et non par vocation.

En 1807, Béranger vit la fin de son travail chez Landon et ne put faire face à ses charges de famille qu'en acceptant les avances de son ami Quénescourt, de Péronne. A ce propos, il est juste d'observer que si Béranger a refusé l'argent de Laffitte, Bérard, Sébastiani, ce n'est point par un orgueil déplacé, mais par esprit d'indépendance. Il sentait parfaitement que ses puissants amis non-seulement pourraient par ce genre de patronage faire suspecter le poëte, mais que moralement ils pèseraient trop sur sa pensée, à laquelle il voulait laisser toute liberté.

Vers ce temps le père de Béranger meurt d'apoplexie à cinquante-neuf ans, et sa sœur avec sa tante se décident à entrer dans un couvent. Les petits voyages que Béranger faisait à Péronne pour voir sa bonne tante Bouvet et ses amis Quénescourt, Laisnez, etc., contribuèrent beaucoup à stimuler la verve du chansonnier, car c'était l'occasion de dîners interminables et de joyeuses réunions.

La chanson des *Gueux* est un produit de ces fraternelles agapes.

Sur la recommandation d'Arnault, rencontré chez Lucien, et dont Béranger s'était fait un ami, le pauvre poëte obtint, non sans attente et sans peine, du solennel grand-maître Fontanes, un emploi d'expéditionnaire dans les bureaux de l'Université que l'on venait de créer. Cet emploi de 1,000 francs, et qui ne fut porté à 2,000 qu'après plusieurs années, devint bientôt la seule ressource de Béranger, lorsqu'il se fit un devoir de rendre au beau-père de Lucien le traitement de l'Institut.

C'est en 1813 seulement que le nom de Béranger commence à percer par des copies à la main du *Sénateur*, *le Petit homme gris*, *les Gueux* et le *roi d'Yvetot*. On y joignit d'autres chansons plus légères et bientôt le poëte fut attiré dans les salons. Mais il avait déjà assez d'expérience et de raison, il avait été trop éprouvé par la mauvaise fortune pour ne pas être à l'abri de ce genre de séduction. Il se crampona à son berceau et à ses vieux amis. Après s'être assis à une table somptueuse, où il s'était vu fêter, il allait le lendemain dîner dans une mansarde ou une arrière-boutique.

Mis en relations avec Désaugiers, dont le talent et la bienveillance affable lui gagna le cœur, Béranger se laissa conduire au *Caveau*. Il en fut nommé membre à l'unanimité et séance tenante. Cette démarche ne contribua pas peu à le faire connaître. Mais bientôt après Béranger se retira de la société. D'une part, il détestait les guerres d'amour-propre et les rapports aigres-doux des intérêts personnels, puis il trouvait que les membres du *Caveau* manquaient complétement de dignité quand ils se prêtaient aux artifices de Baleine, l'illustre cuisinier du *Rocher de Cancale*. Baleine servait à des hôtes choisis et riches, mais étrangers au *Caveau*, la fine fleur de celui-ci, absolument comme s'il eût servi un mets nouveau, une dinde truffée. Béranger y fut pris une fois, car il ignorait cette lâche coutume. Les palinodies du bon mais faible Désaugiers furent si pénibles à Béranger, qu'il cessa de le voir, malgré la sympathie qu'il éprouvait pour sa personne et son talent.

Les premières chansons de Béranger parurent en 1815 et ne furent point incriminées. Le sceptique Louis XVIII, un peu gourmet en littérature, se contenta de dire : « Il faut pardonner quelque chose à l'auteur du *roi d'Yvetot*. » Seulement on lui fit savoir que si pareille chose se renouvelait, on serait obligé de lui demander sa démission de la modique place d'expéditionnaire. Le volume fut bien accueilli du public et rapporta quelque argent : ce qui avait été le principal but de l'auteur, car Béranger ne se rendait pas encore compte de l'importance de son rôle. Néanmoins il fut dès lors posé comme le chansonnier de la liberté et des gloires nationales.

Béranger composait lentement et n'a guère produit plus de douze à quinze chansons par an, lorsqu'il était en pleine verve. Quelquefois il était huit ou dix mois sans que l'inspiration lui vînt. Il est aussi telle chanson qu'il a pour ainsi dire improvisée. Vers 1820 il eut encore un accès de ferveur pour le genre élevé, ainsi qu'il lui était arrivé dans sa première jeunesse. Voyant assez souvent Talma, il nourrit le dessein de composer des tragédies où il aurait allié le familier à l'héroïque. Il fit le plan et écrivit quelques scènes d'un *Spartacus*, d'un *Charles VI*, d'une *Mort d'Alexandre*. Mais il ne tarda pas à revenir à sa vocation et sur son véritable terrain.

En 1821, un second volume de chansons était prêt. Il savait que c'était la perte de sa place et peut-être un procès : il en eut deux, et fut condamné à trois mois de prison et cinq cents francs d'amende. Mais qu'importe? Le succès dépassa toute prévision, et le poëte s'éleva au rang de Tyrtée du libéralisme. En 1828, Béranger publia son troisième volume. Procès encore, et cette fois condamnation à neuf mois de prison et dix mille francs d'amende, ou plutôt onze mille cinq cents avec le décime de guerre. Heureusement le succès le grandissait toujours, le consolait et assurait sa modeste existence. Ses amis vrais et faux avaient essayé de le détourner de cette dernière publication, mais le poëte, qui sentait d'instinct la gravité de la situation politique et la force du coup qu'il allait porter, persista courageusement.

Au reste, il se moquait un peu de la prison.

lui qui, jusqu'à près de quarante ans, logea dans un gîte sans feu, dégarni de meubles et s'enveloppait de sa couverture pour travailler la nuit, lorsque la muse daignait le visiter. Il disait gaiement : « La prison va me gâter! » Une souscription publique, qui témoignait de la popularité du chansonnier, le dégagea envers le fisc et couvrit la grosse amende.

1830 éclate. Le droit populaire l'emporte sur le droit divin, et l'on rentre définitivement dans la grande tradition de 89. Béranger avait contribué, plus qu'aucun autre peut-être, à ce grand résultat. Mais il était trop véritablement sage, trop amoureux de son indépendance, trop attaché à sa philosophique médiocrité, pour se laisser éblouir, entraîner et lancer hors de la sphère modeste où, de plus en plus, il ambitionnait de vivre. Son œuvre accomplie, il se mit donc en retraite. En 1833, en publiant son dernier volume, il put enfin payer à Lucien Bonaparte cette dette de reconnaissance qui lui tenait tant au cœur. A partir de cette époque, Béranger habita d'abord Passy, puis Fontainebleau, Tours, Fontenay-sous-Bois, revint à Passy, où il séjourna le plus longtemps, rentra à Paris, et logea successivement avenue Sainte-Marie, rue d'Enfer près de l'Observatoire, avenue Châteaubriand, enfin rue Vendôme.

En 1835, Béranger recueillit chez lui sa bonne vieille tante de Péronne, qui avait été sa vraie mère, et dont il eut la consolation de prolonger la vieillesse jusqu'à quatre-vingt-six ans. Femme de tête et de cœur, amie du bien et du progrès, elle fit beaucoup, au moral et au physique, pour Béranger, qui goûta la joie de pouvoir la combler à son tour d'affection et de reconnaissance. A cette même époque, il rapprocha également de lui mademoiselle Judith Frère, qui tint le petit ménage. Béranger avait rencontré mademoiselle Judith en 1796; elle avait alors dix-huit ans. Une sympathie mutuelle ne tarda pas à unir leurs destinées d'un lien plus sérieux au fond qu'il ne parut d'abord. Durant les mauvais jours, mademoiselle Judith avait pu se dévouer à Béranger et lui venir en aide par ses petites ressources. Quoique ne vivant pas sous le même toit, la constance de leur liaison ne s'était jamais démentie. Mademoiselle Judith avait du bon sens, un esprit net, une voix agréable et qui faisait valoir les œuvres de son ami, de l'éducation et du tact, l'habitude du travail et de l'ordre, beaucoup de bienveillance. De moyenne taille, avec des cheveux blonds, des yeux bleus, un beau teint, de la physionomie et l'humeur égale, mademoiselle Judith justifiait les préférences et l'attachement du chansonnier.

Cette bienveillance courageuse de mademoiselle Judith se montra dans une circonstance décisive et que nous ne devons pas omettre. Un beau jour, Béranger voit arriver chez lui un petit garçon de huit ans. C'était en 1808, il s'en fallait que le poëte fût éclos et l'homme hors de peine. Aussi fut-il tout d'abord presque accablé du coup : il voyait sa liberté perdue et tout espoir d'avenir disparaître à l'horizon avec une pareille charge à laquelle il n'avait pas songé, lui qui songeait à tout. Cet enfant, né d'une de ses cousines avec laquelle il avait eu quelques rapports passagers à l'âge de vingt ans, pouvait bien aussi être le sien. Du moins il n'y avait pas nui, selon certain aveu naïf. Mais Béranger reprit bientôt courage, et, secondé par le noble dévouement de mademoiselle Judith en cette occasion difficile, il s'efforça de faire quelque chose de ce garçon. Malheureusement c'était une nature ingrate et sur laquelle il n'y avait pas prise. Après bien des peines et des soins infructueux, Béranger se décide à lui faire une pacotille avec quinze mille francs produit de son volume de 1821, et l'expédie à l'île Bourbon, à l'un de ses amis, pour tâcher de faire un commerçant du jeune homme. Celui-ci dissipe bientôt le petit pécule et se laisse aller à la paresse. En vain le poëte essaya-t-il de stimuler ce pauvre garçon par ses conseils et en lui faisant la promesse de lui donner son nom. Tout fut inutile. En perdant l'espoir d'agir sur ce grand enfant, Béranger ne l'abandonna jamais, et lui fit jusqu'à sa mort, à l'âge de quarante ans, une pension de mille francs. Ce fâcheux épisode, qui éprouva beaucoup Béranger et son amie, fait honneur à l'un et à l'autre.

Mademoiselle Judith, qui avait deux ans de plus que Béranger, mourut trois mois avant lui, à l'âge de quatre-vingts ans. Le vieux chansonnier, dont la santé était sérieusement affectée depuis deux ans, ressentit fortement cette séparation. Malgré les soins les plus empressés et les témoignages d'affection les plus sincères, son agonie fut assez pénible. Il mourut le 16 juillet 1857, un mois avant d'atteindre sa soixante-dix-septième année. On sait quelle fut l'émotion et l'empressement de la population de Paris dès qu'on apprit le danger que courait la vie du poëte national, qualification qu'il a méritée et qui lui était chère. Le gouvernement, craignant des troubles, réglementa ses funérailles, ce qui n'empêcha pas qu'elles ne fussent magnifiques et n'attestassent, pour la dernière fois, l'immense popularité de l'honnête chansonnier.

Mademoiselle Judith était morte comme elle avait vécu, sans prêtres. Elle était de la religion de Béranger, et, comme lui et à sa façon, se montra toujours bienfaisante et charitable. Quant à Béranger, s'il a été enterré avec la pompe du culte catholique, ce n'est pas que, tenant une autre conduite que son amie, il eût changé de religion ; mais il était moins stoïque que Lamennais et avait absolument désiré qu'il n'y eût ni éclat ni bruit autour de son tombeau. Il a dit dans sa *Biographie : L'espérance d'être enterré par des hommes qui vaudront mieux que nous est une douce espérance pour un ami de l'humanité.* La pensée que la discorde pouvait apparaître autour de sa tombe à peine fermée lui causait une horreur profonde.

Maintenant, nous allons achever d'apprécier dans son ensemble et avec l'impartialité la plus large le caractère de Béranger.

Béranger a eu trois sortes d'idolâtries : la patrie, le peuple, Napoléon ; et trois ambitions constantes : la médiocrité, l'indépendance et la popularité.

Le sentiment patriotique fut de bonne heure surexcité en lui par la première invasion de 92, puis fortement ravivé par celles de 1814 et de 1815, auxquelles il assista désolé et frémissant. A Péronne comme à Paris, son âme tressaillit au bruit du canon de l'étranger. Il vit le peuple de près et connut sa misère et ses souffrances. Par sentiment de justice autant que par sympathie, il demeura toujours sincèrement attaché à la cause des petits, des faibles, des opprimés, du grand nombre.

Il s'est peint dans ce vers :

> Je suis du peuple, ainsi que mes amours.

L'admirable spectacle de la France, sauvée de l'anarchie, organisée, puissante, imposant ses lois à Europe, frappa sa jeune âme d'une impression profonde, indélébile. En outre, ce poëte, qui se fiait plus à l'instinct du peuple qu'à sa raison, trouva un nouveau motif à son idolâtrie dans l'engouement des masses pour le héros qui tint si haut et porta si loin l'épée de la Révolution triomphante. Pour Béranger, comme pour le peuple, Napoléon fut toujours l'incarnation glorieuse de l'égalité et de la démocratie. Les cris de la foule, au retour de l'île d'Elbe : A bas les prêtres ! à bas les nobles ! attestent combien cette opinion avait de fortes et profondes racines. Quoi que Napoléon ait fait par son despotisme et sa folle ambition, il ne put perdre aux yeux du peuple, et partant à ceux de Béranger, ce caractère essentiel et fatidique.

Béranger aimait la liberté, mais il aima encore plus la patrie. Jamais il n'eût prononcé ces mots : Périssent les colonies plutôt qu'un principe ! Homme pratique avant tout, sa profonde conviction lui eût fait s'écrier dans une situation extrême : Périssent la liberté et la République plutôt que la nation ; nous retrouverons plus tard les principes.

La médiocrité, telle a été la constante ambition de Béranger. Il y tenait par toutes les racines de son être, par les habitudes de sa jeunesse si difficile, par raison et comme moyen d'être plus sage et plus maître de lui. L'amour jaloux de son indépendance d'esprit, d'une indépendance absolue des hommes et des choses, se liait encore à cette médiocrité tant recherchée et si vaillamment défendue. Car jamais saint Antoine en personne n'a pu être entouré de plus de tentations, poursuivi par plus de séductions de tout genre. « Je me suis donné, dit-il quelque part, plus de peine pour n'être rien, que beaucoup d'autres pour être quelque chose. »

Après 1830 surtout, Béranger n'avait qu'à se baisser pour que fortune et honneurs vinssent tomber à ses pieds. De même, il eût pu être riche par ses œuvres et préféra faire la fortune de son éditeur. Il redoutait la richesse à l'égal du pouvoir, ne se croyant pas propre à soutenir dignement et selon les exigences de sa conscience d'aussi lourdes charges. Rien n'est plus vrai et plus certain que cette disposition d'esprit assez peu commune.

On peut dire qu'il ambitionna plus la popularité que la gloire. Assurément il n'était pas insensible à sa valeur de poëte, et il l'a bien prouvé par le soin apporté à son œuvre, par le plaisir très-vif que lui causa l'approbation de Châteaubriand. Mais le chatouillement ressenti par l'artiste lui donnait une émotion dont il jouissait beaucoup moins que de l'expression simple et inattendue de sa notoriété au sein des masses et dans la jeunesse.

Quoi qu'on en ait dit, Béranger a eu des devoirs difficiles à remplir dans les commencements de sa vie très-étroite, et même à un âge plus avancé. Non-seulement il n'a failli à aucun, mais il a été au-devant avec empressement et a satisfait à tous avec délicatesse. Cela est facile à établir. S'il est vrai de dire qu'il a été un *bureau de charité*, il est très-certain qu'il aimait son rôle. Quand on n'y va pas de franc jeu, quand on n'y est pas placé naturellement, il est impossible d'exercer un tel rôle avec ce zèle et cette persévérance.

Je sais que cette situation gardée par Béranger jusqu'à la fin de sa vie était en accord avec le personnage qu'il voulut être ; je ne nie pas encore qu'il était trop fin et trop sensé pour ne pas le comprendre ; mais qu'importe ! il aimait réellement à faire le bien, et je crois fermement que peu d'hommes ont personnellement fait autant de bien que lui et l'ont fait avec plus de plaisir.

Béranger a conservé tous ses amis ; la mort seule a pu le séparer d'eux. Parmi ses amis il en a eu d'humbles et d'illustres, et, entre ceux-ci, quelques-uns qui n'étaient pas des plus commodes. Tous lui sont demeurés attachés ; il a été fidèle et sincère avec tous jusqu'à la fin. La reconnaissance ne fut point pour lui un pesant fardeau, mais un sentiment très-doux et très-complet, comme cela a lieu naturellement chez un homme d'une tête saine et d'un cœur droit habité par la justice. Combien en ont recueilli les témoignages les plus vrais et les plus délicats !

Théoriquement, comme dans la pratique de la vie il était d'une grande indulgence, il connaissait la faiblesse humaine et y compatissait. Il se lassait difficilement de relever ceux qui tombaient, j'en ai vu personnellement des preuves vivantes. C'est pourquoi il a écrit dans la forme piquante qui lui était habituelle : « Eh ! qui de nous n'a » failli ? S'il en est qui passent pour n'avoir pas » fait de chute, c'est qu'ils sont tombés quand per- » sonne ne les regardait. »

A l'occasion des femmes, nous trouvons dans la *Biographie* de Béranger ce passage caractéristique :

« Peut-être n'ai-je jamais connu ce que nos romanciers anciens et nouveaux appellent amour ; car j'ai toujours regardé la femme, non comme une épouse ou comme une maîtresse, ce qui n'est trop souvent qu'en faire une esclave ou un tyran, et je n'ai jamais vu en elle qu'une amie que Dieu nous a donnée. La tendresse pleine d'estime que ce sexe m'a inspirée dès ma jeunesse n'a cessé d'être la source de mes plus douces consolations. »

Ainsi s'exprime sur la femme le chantre des *Deux Sœurs de charité*. Cette appréciation faible et incomplète nous sera une pierre de touche pour juger l'âme du chansonnier. Affectueux, bienveillant, artiste et quelque peu sensuel, l'amant de Lisette et de Frétillon, l'ami respectable de la *Bonne vieille* n'a pu voir la femme que par le petit bout de la lorgnette.

Pour lui, Ève la blonde et Vénus Astarté, Béatrix et Laure, Ophélia et Haydée, la grâce souveraine et la beauté lumineuse, la céleste apparition de la vingtième année, la vierge pure qui porte au front l'auréole divine et touche à peine à la terre, tout cela est lettre close. Ce qu'il a pu lire sur ce ton lui a paru de l'ithos et du pathos. Volontiers il eût demandé qu'on le ramenât aux carrières de Denys, ou plutôt au cabaret de la mère Grégoire, au coin du feu de la bonne vieille.

L'amour est une exaltation sublime qui nous porte à voir en beau et en bien l'un de nos semblables, et par celui-ci un peu tous les autres. On est tellement emporté sur les ailes du petit dieu, qu'on plane en plein azur, et que, du haut de l'éther on jette sur le monde un regard d'admiration naïve et religieuse. L'amour sera, si l'on veut, une sorte de folie, mais c'est la folie des grandes âmes.

Il arrive souvent aux amoureux, comme à don Quichotte, de prendre leurs Dulcinées pour beaucoup plus qu'elles ne sont. Mais quels rêves ils ont faits ! Quelle flamme a brûlé leur âme ! Quel nectar a enivré leur cœur ! Quels flots de nobles pensées ont vivifié leur esprit ! Quelle force nouvelle a exalté tout leur être ! Aussi que ne devons-nous pas à de tels hommes ! Ils sont les poëtes, les artistes, les créateurs par excellence, les chercheurs de mondes et les conquérants de l'inconnu.

Sans doute, ils ont fini par en rabattre; quelques-uns même sont devenus fous ou sont morts de douleur, tandis que l'honnête Sancho a aimé Sanchette naturellement, simplement, sans faire craindre que rien de pareil pût lui arriver. Avouons toutefois que, s'il n'y avait au monde que des cœurs et des esprits à la Sancho, nous n'en serions pas où nous en sommes, et le terre-à-terre des destinées humaines nous blesserait la vue à l'égal d'une plaine aride et déserte. Nous serions désenchantés, et la poésie remonterait au ciel pour n'en plus descendre.

Par son rare bon sens, par son instinct pratique, Béranger avait en lui plus de Sancho que de don Quichotte. Jamais homme ne fut moins disposé à prendre les vessies pour des lanternes. C'est pourquoi il se défia toujours des lumières qui lui apparaissaient dans les hautes régions de la pensée et du sentiment. Béranger n'eût pas conquis l'île de Barataria, mais il l'eût sagement gouvernée, s'il avait eu la force d'en prendre la peine. Probablement il serait demeuré dans son coin, vivant paisiblement, chantant Lisette, le vin, la liberté et le Dieu des bonnes gens, raillant les sots avec finesse, aidant les uns de sa bourse et donnant aux autres des consolations et de bons conseils.

Pour peu qu'on y réfléchisse, on se convainc bientôt que l'homme incapable de ressentir la folie de l'amour est généralement impuissant à ressentir toute autre noble exaltation de l'âme;

car s'il ne s'est pas trouvé en lui d'enthousiasme en une occasion aussi naturelle, il n'est pas probable qu'il en surgisse en aucune autre. L'homme manquera évidemment de force et de grandeur. La femme est pour l'homme une pierre de touche à peu près infaillible, et, à certains égards, elle nous a donné la mesure exacte de Béranger.

J'ai dit que, homme de sentiment, Béranger avait eu trois préoccupations constantes : la patrie, le peuple, Napoléon. Mais on n'aurait pas complétement la clef de son caractère si on omettait, si on laissait dans l'ombre l'unique et forte passion du chansonnier, celle pour laquelle il a gardé toute sa vie un culte pieux jusqu'à la superstition ; je veux parler de son amitié et de son admiration pour Manuel. Ici se découvre à fond l'âme de Béranger et l'on touche à sa fibre la plus secrète. Cette passion est à la fois pour lui un titre d'honneur et un témoignage touchant de sa véritable nature. En achevant d'accentuer sa physionomie, cette passion montre combien il a été vrai en parlant de lui-même, combien il s'est apprécié avec justesse.

C'est Manuel qui le conduisit chez Laffitte, malgré les répugnances du poëte qui répondait à son ami : « —Il n'y a pas d'affections à attendre là. »

L'événement modifia en plus d'un point ce pronostic. Béranger a connu presque tous les hommes de l'opposition libérale. Beaucoup d'entre eux l'ont aimé, et ont été pour lui des amis sérieux et dévoués : Dupont (de l'Eure), Laffitte, Bérard, Sébastiani ; de moins près : Lafayette Benjamin Constant, Casimir Périer, Dupin, Barthe, Thiers, Mignet. Cependant, quel| que fût le prestige exercé par le poëte et, bien que le succès le fît de jour en jour plus apprécier par ses amis politiques, Béranger ne s'illusionna jamais sur leur compte. Il les pesait tous, et son amitié très-vive pour Laffite et Dupont (de l'Eure), son estime pour Lafayette et quelques autres, ne l'empêchèrent point de les voir tels qu'ils étaient, insuffisants.

Peu de temps avant sa mort, août 1827, Manuel disait à Béranger : « Vous croyez à une révolution prochaine, j'y crois comme vous ; mais où la France trouvera-t-elle des hommes pour la gouverner dignement ? » Toute la vérité sur ce point est là : Béranger, comme Manuel, jugeait les hommes trop petits pour leur tâche.

Quel était donc Manuel ?

Plus âgé de cinq ans que Béranger, Manuel, volontaire de la République, rentré à la paix de Campo-Formio dans la vie privée pour se mettre au barreau d'Aix, Manuel se lia avec le poëte en 1815.

Une sympathie mutuelle et presque soudaine (remarquable à cause du caractère réservé de l'un et de la circonspection de l'autre) scella l'amitié au plus profond de leur âme. On sait que l'attitude ferme et hostile du député fit *empoigner* le hardi patriote à la tribune de la Chambre des députés. L'opposition, redoutant son caractère inflexible et jalousant son talent, manœuvra de façon à faire échouer sa réélection en 1824. Depuis leur liaison, Manuel et Béranger habitèrent et vécurent ensemble. Seul, Béranger a pu bien connaître la valeur de son ami; mais l'appréciation d'un tel juge, d'un jaugeur de capacités presque infaillible, est d'un grand poids et commande la confiance.

Pour Béranger, Manuel est l'idéal du héros et de l'homme politique. Il lui trouve toutes les vertus d'un grand citoyen : simplicité de mœurs, âme bienveillante et affectueuse, raison imperturbable, dévouement absolu, caractère stoïque, inébranlable courage. Béranger, l'homme circonspect presque à l'excès, va jusqu'à s'écrier : *Je l'aurais suivi les yeux fermés par tous les chemins qu'il aurait fallu prendre.* Pour qui a quelque peu compris le caractère de Béranger, il ne pouvait rien dire de plus fort et témoigner une plus complète estime. Après la mort de Manuel, il obtint du jeune frère de celui-ci de conserver sa montre et son petit matelas de crin, et c'est sur cette relique qu'il a toujours couché et qu'il a dormi son dernier sommeil. Si je me souviens bien, on ne voyait, en fait d'objet d'art, dans la mansarde de Béranger, qu'un petit buste de Molière et un grand médaillon en bronze de Manuel.

Tel était l'homme, et telle fut la passion qui

nous donne l'explication nette et décisive du caractère de Béranger.

Manuel avait ce qui manquait à Béranger, la force des héros, la grandeur d'âme, qui vous porte au sacrifice complet de soi-même, au dévouement le plus absolu. Je ne parle pas des autres qualités, l'habitude du commandement et de la vie au grand jour, en plein soleil. Le chansonnier avait senti que son ami le complétait.

Dans le sens noble et vrai du mot, Béranger a été un épicurien, ainsi que l'ont dit quelques critiques. Il a accepté la vie dans ce qu'elle offre de biens et de maux, jouissant des uns avec plaisir, se soumettant aux autres avec résignation. Par sa modération et son bon sens, il a réussi à se faire une existence moyenne, où l'équilibre de son âme s'est maintenu avec une constance admirable. Il a dédaigné la richesse et les honneurs, leur préférant une vie plus simple, plus douce, plus remplie d'affections, plus rapprochée des petits, des faibles et des misérables, dont il s'est toujours complu à soulager les souffrances physiques et morales. Il a voulu la médiocrité comme une cause de vertu et un moyen de bonheur plus vrai et plus certain. Cette médiocrité, il l'a encore aimée, parce qu'elle assurait son indépendance des choses et des hommes, parce qu'il tenait essentiellement à se posséder lui-même et à jouir de ses pensées, de ses rêveries, de sa conscience d'honnête homme.

Quoique ayant vécu dans un grenier et d'une façon très-précaire, quoique ayant vu le mal et la souffrance de près, jamais il n'a maudit l'existence, jamais il ne s'est révolté comme Manfred, Lélia ou René. Son âme n'était point faite pour les extrêmes. Il n'a point touché aux abîmes, comme il n'a pas vu les cieux.

> Vole jeune homme, et souviens-toi d'Icare :
> Il est tombé, mais il a vu les cieux! DOVALLE.

Cet appel d'un jeune poëte, dont nous sommes heureux de rappeler ici le nom, eût vainement retenti à l'oreille de Béranger. Mais enfin, n'est-ce pas chose assez rare, n'est-ce pas beacoup d'avoir compris que les *vrais biens* sont dans une bonne conscience, dans la possession de soi-même, dans le sentiment de son utilité et le plaisir de faire le bien ? Quoiqu'il ignorât le grec et le latin, quoiqu'il sût admirablement être de son temps, l'*Horace français* nous représente par sa vie une sorte de sage à la manière antique. Béranger eût été, avec Molière, élève de Gassendi, et l'aimable Ninon, l'un des disciples de cet Épicure si sottement méconnu, et dont on peut admirer, au Louvre, le beau et noble visage.

Il y a une certaine analogie entre Voltaire et Béranger : tous deux ont joué un grand rôle et fait preuve d'une incomparable justesse d'esprit, d'une rare habileté de conduite ; tous deux ont aimé les hommes, la justice et la vérité ; tous deux encore, maîtres incontestés dans leur art, ont réussi à arranger leur longue existence à peu près comme ils l'entendaient et autant que les circonstances le permettent à chacun de nous. Mais s'il y a entre ces deux hommes quelques rapports comme esprit, comme influence sur leur époque, comme gloire et popularité, ils se différencient par des contrastes propres à les faire apprécier l'un et l'autre à leur juste valeur.

Au point de vue de l'intelligence, Voltaire est plus puissant et plus universel. Le vulgarisateur de Newton est un familier de la science, et l'auteur du *Dictionnaire philosophique* a toujours été préoccupé des plus hautes spéculations de l'esprit humain. Ami de Lamennais, il eût raisonné avec lui comme il le fit avec Clarke.

Au point de vue du caractère et des sentiments, si tous deux sont humains et bienveillants, Voltaire a de plus la flamme sacrée de l'enthousiasme. Vibrant et impressionnable, il sent fortement et son ardeur le consume. Quand il voit le mal, l'injustice, il souffre, il est malade, il pleure, et sa force s'accroît au centuple. Il lutte en désespéré, il lutte pendant des années ; quoique la vieillesse et la maladie l'accablent, il lutte jusqu'à la mort. C'est ainsi qu'il venge les Calas, les Sirven et tant d'autres ; c'est ainsi que les derniers mots qu'ait crayonnés sa main mourante sont quatre lignes de félicitations au fils de Lally-Tollendal. Il y a du héros dans cette nature grande et passionnée.

Jamais Voltaire ne s'arrête, il est toujours debout pour la défense des opprimés, pour la cause sainte de la justice. On peut dire que nous ne le connaissons pas assez. En admettant que nous sommes à peu près en règle avec l'écrivain, il s'en faut de beaucoup que nous le soyons avec l'homme. C'est dans sa volumineuse correspondance, quoique encore incomplète, qu'on doit chercher Voltaire, et retrouver cette grande âme, pétrie des meilleurs et des plus hauts sentiments départis à l'humanité.

Béranger a pu dire avec vérité :

Je n'ai flatté que l'infortune.

Quelques critiques inattentifs peuvent reprocher à Voltaire ses petits vers louangeurs et, tranchons le mot, sa courtisanerie ; mais alors on met en oubli le temps où vécut le noble et courageux vieillard, les dures nécessités sous lesquelles il dut se courber pour être écouté, pour devenir puissant, pour combattre les préjugés, les abus, le fanatisme. Il faut oublier qu'il fut mis deux fois à la Bastille, presque toujours exilé ou caché ; que, sauf la *Princesse de Navarre* et le poëme sur Fontenoy, tous ses livres, même la *Henriade* et le *Siècle de Louis XIV*, ne parurent en France que sous le manteau. Il faut oublier que Voltaire ne put presque jamais habiter Paris, et qu'il avait choisi Ferney, placé sur les limites de trois États, pour sauvegarder l'indépendance de sa pensée.

Si Béranger sut ordonner la médiocrité de sa vie indépendante avec une louable sagesse, Voltaire, en se créant une existence de grand seigneur, s'est donné un piédestal indispensable pour assurer sa liberté et fortifier sa parole. Et le dévouement à l'humanité, à la justice, du seigneur de Ferney, n'a pas été moins complet et moins persévérant que celui du modeste chansonnier; on doit même dire que ce dévouement a été plus ardent et de plus haute portée.

Par la vie qu'il s'était faite, par sa condition première, Béranger a vu le peuple de près, il l'a senti et aimé pour lui avoir souvent touché la main. Voltaire, ayant vécu dans la haute société et voyagé en Angleterre, en Allemagne, ayant défriché la terre et fondé la petite ville de Ferney (ce qui lui coûta plus de 600.000 livres), Voltaire, au milieu des contacts les plus variés, a connu les hommes autant que Béranger, qui les connaissait bien, et de plus Voltaire a mieux connu l'homme en raison de l'étendue de ses lumières et de sa puissance intellectuelle. L'auteur de *Candide*, il faut le reconnaître, a eu sous les yeux de pires exemplaires de notre espèce, et cependant il n'en a pas désespéré, il l'a servie, il l'a aimée jusqu'à la mort.

On peut, chez Voltaire et chez Béranger, louer avec égale justice le bon sens et le goût, l'esprit et la verve, la finesse, l'ironie, le trait vif et le talent, l'habileté de conduite et la constance dans le but, la bienveillance et le dévouement à la vérité. Mais en Voltaire seul on admirera la grandeur et l'universalité du génie, un enthousiasme sacré pour le Beau, le Bien et le Vrai, flamme ardente qui a nourri et consumé son âme jusqu'aux extrêmes limites de la vieillesse.

Voltaire a été le grand précurseur de 89; Béranger, l'habile Tyrtée de l'opposition libérale, qui sonna les vêpres de 1830, épisode important de notre grand drame politique.

Au Panthéon de l'histoire, Voltaire aura une statue, et non loin on y verra avec plaisir le buste de Béranger. Étrange destinée ! par l'effet des circonstances, Lamennais est descendu, non sans gloire, dans la tombe des pauvres, le front couvert d'un nuage, tandis que Béranger a disparu dans une apothéose. Penseur profond et passionné, écrivain de premier ordre, ayant eu la force héroïque de déchirer la robe de Nessus, qui l'étreignait de ses triples replis, Lamennais sera plus grand dans l'avenir que ne sera Béranger, Voltaire, nature plus complète que tous deux, a mérité cette double gloire de mourir enseveli dans son triomphe et de vivre toujours plus grand dans la postérité.

BIBLIOTHEQUE NATIONALE DE FRANCE
3 7502 00972365 3

www.ingramcontent.com/pod-product-compliance
Ingram Content Group UK Ltd.
Pitfield, Milton Keynes, MK11 3LW, UK
UKHW022145190726
13855UKWH00003B/1352

9 782013 406147